MW00885645

Made in the USA
Las Vegas, NV
15 June 2023

73455953R00090